LETTRE DE
DECLARAITON
DV ROY, TOVCHANT

CES SVBIECTS DE LA RELIGION
pretenduë Reformée, pour les retenir
& faire demeurer en l'obeissance de
sa Majesté & obseruation de ses Edicts.

*Publiées en Parlement à Rennes le 14. iour
de Juin, mil six cens vingt & vn.*

A RENNES,
Par TITE HARAN, Imprimeur &
Libraire ordinaire du Roy.
M. DC. XXI.

LETTRE DE DECLARATION

*du Roy, touchant ces subiects de la Religion
pretenduë reformée, pour les retenir & faire
demeurer en l'obeyssance de sa Majesté &
obseruation de ses Edicts.*

OVIS par la grace de
Dieu Roy de France &
de Nauarre, A tous ceux
qui ces presentes lettres
verront Salut. Le desir
que nous auons tous-
iours eu de conseruer le repos & la tran-
quilité publique parmy nos subiects, &
d'empescher les maux & desolations que
la leuée des armes apporte ordinairement
& les oppressions & calamitez que les peu-
ples en reçoiuent, Nous a faict tollerer

& souffrir auec beaucoup de patience de-
puis plusieurs moisen ça , les excez desobeissances & rebellions qui ont esté com-
mises en plusieurs villes de nostre Royaume, par aucuns de nos subiects faisans profession de la Religion pretenduë reformée , mesmes en celle de la Rochelle,
Montauban & autres où se sont tenües &
se tiennent encores des assemblées illicites
qui se sont plutost employées à former des
estats populaires & republicques , que à se
conseruer dans l'obeissance à laquelle ils
nous sont naturellement obligez , Ayant
mesmes fait grauer vn seau sous lequel, &
sous les signatures des principaux desdites
assemblées, Ils ont lasché diuerses ordonnances, decrets, mandemens & commis-
sions, portans pouuoir à des particuliers
de commander aux Prouinces & villes, le-
uer les deniers de nos fermes & receptes,
faire leuées d'hommes d'armes & d'argent
fondre Canon, enuoyer aux Prouinces &

Royaumes estrangers , & autres sembla-
bles actions qui font assez paroistre vne
entiere rebellion & soubsleuation ouuerte
contre nostre authorité , dequoy ayans eu
quelque cognoissance des le mois d'Auril
dernier, & sachant qu'ils prenoiét pretexte
de se porter à ses desordres par le peu de
seureté qu'ils disoient auoir de leurs personnes & de la liberté de leurs cósciences,
Nous voulusmes par nostre Declaration
du XXIIII. dudit mois d'Auril leur donner toutes asseurances de nos bonnes in-
clinations à l'endroit de ceux qui demeu-
reroient en leur debuoir, & les prenans en
nostre protection & sauuegarde particu-
liere, faire cognoistre que le voyage que
nous nous preparions de faire en ces quar-
tiers de deça, estoit plustost pour nous ap-
prochans des lieux où ces insolences se
commettoient, y establir & faire paroistre
nostre auctorité à la confusion de ceux qui
se trouueroient coulpables, que pour vser

d'autre plus grande rigueur n'y nous ser-
uir du pouuoir que Dieu à mis en nos
mains pour le chaſtiment de telles inſo-
lences, mais tant s'en faut que cela leur
aye ouuert les yeux pour les ramener à ce
qui eſt de leur deuoir, que la pluſpart d'en-
tre eux continuans en leurs mauuaiſes vo-
lontez, ſe portent ouuertement à la rebellion & meſmes commettent toutes ſortes
d'hoſtilité contre ceux qui n'y adherent
auec eux, publians ne recognoiſtre autre
chef que l'aſſemblée qui eſt dans la Rochelle, laquelle à faict a preſent retourner
à Sainct Iean d'Angely pluſieurs gens de
guerre leuez ſoubs leurſdites commiſſions
qui font contenance de ſe vouloir oppoſer
à noſtre paſſage dans ladite ville, & nous
en vouloir empeſcher l'entrée par la force
des armes, Ce qui nous oblige voyant
meſmes que ce deſorde eſt ſuiuy en pluſieurs autres villes de noſtre Royaume, de
nous mettre en eſtat d'en chaſtier les au-

theurs selon leurs demerites & d'employer
à cet effect auec les voyes ordinaires de la
Iustice, les moyens que Dieu à mis en nos
mains pour la manutention de nostre auctorité, Et afin que tous nos subiects &
speciallement ceux qui font profession de
la Religion pretendüe reformée ne puis-
sent estre abusez du faux pretexte dont ladite assemblée se sert pour les destourner
de leur debuoir, & que les vns & les autres
soient informez de nos intentions & vo-
lontez sur ce subiect, Novs de l'aduis
des Princes, Ducs, Pairs, officiers de nostre
Couróne & principaux de nostre Conseil,
Avons dit & declaré, disons & declarons
par ces presentes qu'en confirmant nosdi-
tes lettres pattentes dudict XXIIII. d'Auril
dernier, Nous auons pris & mis prenons
& mettons en nostre protection & sauuegarde specialle, tous nos subiects de ladite
Religion pretenduë reformée de quelque
qualité & condition qu'ils soyent, qui de-

meureront & se contiendront dans nostre
obeissance & sous l'obseruation de nos
Edicts, lesquels nous voulons aussi faire
soigneusement obseruer en leur faueur:
Mais voyans les rebellions manifestes qui
se commettent en nostre ville de la Rochelle, tant par l'assemblée qui y est tous-
iours subsistante contre nos deffences ex-
presses que par le corps de ville, Bourgeois
& habitans d'icelle, comme aussi ce qui se
passe en nostre ville de Sainct Iean d'Angely, & les actes d'hostilité qu'ils commettent iournellement côtre nostre personne,
Nous auons declaré & declarons tous les
habitans & autres personnes de quelque
qualité qu'ils soyent, qui sont à present de-
meurans refugiez ou retirez dans la Rochelle & S. Ieã d'Angely, & tous autres qui
les fauoriseront directement ou indire-
ctement, & qui auront accez, intelligence,
association, & correspondance auec eux,
ou qui recognoistront en queque sorte

que ce

ce soit ladite assemblée de la Rochelle, ou
les autres assemblées, abregez, circles, con-
seils de Prouinces ou autres congregations
qui ont correspondance auec celle de la
Rochelle, & qui se tiennent sans nostre ex-
presse permission, Relaps & refractaires
desobeissans & criminels de leze Majesté,
au premier chef, Et comme tels leurs biens
nous estre acquis & confisquez, voulans
qu'il soit procedé contre eux selon la rigueur des Loix & ordonnances, par sai-
sies de leur personnes, annotation de leurs
dits biens & autres voyes ordinaires & ac-
coustumées en tel cas, declarans aussi nos-
dites villes de S. Iean d'Angely la Rochelle, & toutes autres qui leur adhereront, &
se porteront auec elles aux mesmes crimes
& desobeissances, priuées & descheües de
tous priuileges franchises & autres graces
qui leur pourroient auoir esté concedées
par les Roys nos predecesseurs ou par
nous, Et afin que nous puissions discerner

& recognoiſtre les bons d'auec les mau-
uais, Nous voulons que tous noſdits ſub-
jects faiſans profeſſion de ladite Religion
pretéduë reformée, tant Gentils-hommes
officiers que autres de quelque qualité
qu'ils ſoyent, & meſmes les villes & com-
munautez de ladite qualité facent declaration dans les Sieges Preſidiaux, Baillia-
ges, & Seneſchauſſées de leur reſſort, des
bonnes intentions qu'ils auront à noſtre
ſeruice, Et qu'en icelles ils facent renoncia-
tions & deſadueuz, & proteſtent de n'a-
dherer en aucune ſorte à ladite aſſemblée
de la Rochelle, n'y à toutes autres aſſem-
blées, Conſeils de Prouinces, abregez circles & autres qui comme dict eſt, ſe ſont
tenus & tiennent ſans noſtre permiſſion
expreſſe, & qu'ils ſe veulent oppoſer auec
nous à toutes les reſolutions qui y pourroient auoir eſté priſes, dont ils retireront
les actes qui pourroient eſtre neceſſaires
à leur deſcharge, Comme auſſi nous deſ-

fendons tres-expreſſement à tous Gentis-
hommes & autres, de permettre à leurs
Enfans domeſticques ou autres deppen-
dans d'eux, d'aller dans leſdites villes n'y
y preſter confort & aſſiſtance aucune, n'y
donner logement ou retraicte dans leurs
maiſons, à ceux qui yront ou conuerſe-
ront en quelque façon que ce ſoit, ſur
peine d'eſtre tenus coulpables de meſme
crime mandant & enioignant tres-expreſſement à tous Baillifs, Senechaux,
Preuoſts, Iuges, ou leurs Lieutenans, viſ-
ſenechaux, Preuoſts de nos Couſins le
Conneſtable & Marechaux de France,
& à tous nos autres officiers qu'il appar-
riendra de procedder exactement & ſoigneuſement contre les perſonnes & biens
de ceux qui auront encouru ledit crime,
Et à nos Procureurs Generaux & leurs
ſubſtitutz, de faire ſur ce les pourſuittes
requiſitions & diligences, qui deppen-
dent de leurs charges, ſans auoir eſgard

à aucunes ſauuegardes ou autres aſſeu-
rances qu'ils pourroient obtenir de Nous,
ſous faux donné à entendre ou autrement,
Si ce n'eſt que leſdits Sauuegardes fuſſent
en lettres patentes ſeellées du grand ſeau,
& que dans icelles, il fut expreſſement
expoſé la permiſſion que nous leur au-
rions donnée, d'aller ou frequenter dans
leſdites villes rebelles. SI DONNONS
EN MANDEMENT A NOS amez &
feaux les gens tenans nos Cours de Par-
lemens, & Chambres de l'Edict, que
ces preſentes nos lettres de Declaration
ils facent lire publier & regiſtrer chacun
endroict ſoy, & le contenu en icelles gar-
der & obſeruer exactement ſelon ſa for-
me & teneur, Enioignans à nos Procureurs Generaux & leurs ſubſtitutz d'y te-
nir ſoigneuſement la main, Et de faire
toutes pourſuittes & diligences pour ce
requiſes & neceſſaires, CAR tel eſt noſtre
plaiſir, En teſmoing dequoy nous auons

fait mettre noſtre ſeel à ceſdites preſentes. Donné à Niort le XXVII. iour de
May , l'an de grace mil ſix cens vingt
& vng , Et de noſtre regne le douziéme.

Signé,　　　LOVIS

Et ſur le reply, Par le ROY.

plus bas

POTIER.

Et ſeellées du grand Seau de cire
Iaune.

LEuës publiées & registrées, oüy le reque-
rant le Procureur General du Roy: Et or-
donne la Cour que coppies desdites lettres seront
enuoyées aux sieges Presidiaux & Royaux de ce
Ressort, pour y estre pareillement publiées, &
qu'elles seront proclamées à son de trompe & cry
publicq, aux Carrefours de ceste ville & autres
de ce ressort, à ce que aucun n'en pretende cause
d'ignorance, & que suyuant lesdites lettres, ceux
de la Religion pretenduë reformée, seront dans
quinzainne leurs declarations aux Greffes desdits
Sieges Presidiaux & Royaux: Enioinct ladite
Cour aux substituts dudit Procureur General de
poursuyure l'execution desdites lettres, & du deuoir qu'ils y auront faict, en certifier ladite Cour
de quinzainne en autre, sur peine d'en respondre
en leurs priuez noms. Faict en Parlement à Rennes le quatorziéme iour de Juin 1621.

Signé, MONNERAYE.

L ES *Letrres Patentes du Roy*, & *Arreſt de la Cour cy deſſus*, ont eſté par moy *Pierre Rallier*, Huiſ-ſier en icelle leuës & publiées aux *Carreſours accoutumés à faire ſẽblables Publications* en c'eſte *Ville de Rennes* apres le ſon de trompe faiĉt par le Trõ-pette ordinaire de c'eſté *Ville* ledit iour quatorſiéme de Iuin mil ſix cens vingt & vn.

RALLIER.